© Bill Loh & Nick Theobald, 2007
Published by Writer & Writer

nick@pl.net
billsheko@yahoo.com

ISBN 978-0-473-12617-9

Printer: Fantasy Printing,
Hong Kong.
Phone (852) 2554-5000

All rights reserved.
No part of this publication may be reproduced, stored in a retrieval system, or transmitted in any form or by any means, electronic, mechanical, photocopying, recording or otherwise without the prior permission of the publisher. So watch it, because we'll be on to you in an *Instant!*

Instant! Cantonese

Your trusted travelling companion for Hong Kong, Southern China, Macau, and Chinatowns everywhere.

Bill Loh & Nick Theobald

INTRODUCTION

Speak Cantonese in seconds!

This little book is your passport to speaking Cantonese.

Being able to speak some Cantonese is not only polite, it's also highly advantageous from a business and social point of view.

In Hong Kong for instance, many foreigners have discovered that a sure-fire way to start a dialogue with the locals is to have a baby. Bingo! Suddenly, you're no longer a mere expatriate - you're an expatriate WITH A BABY and therefore someone worth talking to.
Our phrase book is a far easier way of starting a conversation with the locals than having a child.
It's cheaper too.

Many phrase books require a degree in linguistics to understand their content - *Instant!* Cantonese uses *Fon-et-icks*.

Cantonese is a tonal language and tones are virtually impossible to explain on the printed page. However, most Chinese people understand that foreigners are tone deaf. In our experience, if you seem to be at least making an effort to speak Cantonese you gain *Instant!* respect.

Thank you for buying our book. We need to put non-GM food on our non-rainforest milled tables and conflict-free diamonds on our imaginary girlfriends' fingers.

Bill Loh & Nick Theobald

This book is dedicated to Myra Louise Deere, (nee Theobald) 1941-2005.

Also dedicated to Mr and Mrs T. S. Loh. May their perpetual light shine.

INTRODUCTION

How our *Instant!* phonetics work

Please read this care-full-lee.

English: **How are you?**
Cantonese: **Nay ho ma?**
Nay - same sound as hay
ho - what Santa says
ma - mother

English: **How much?**
Cantonese: **Gay door cheen?**
Gay - the opposite of straight
door - that's right, door
cheen - same sound as keen

English: **Tuesday**
Cantonese: **Sing-kay yee**
Sing - as in Sing Sing prison
kay - same sound as nay
yee - sounds like three

English: **Follow that cab.**
Cantonese: **Gun gore gar dixie.**
Gun - as in Colt .45
gore - what bulls do
gar - same sound as far
dixie - as in the Dixie Chicks

English: **I have a headache.**
Cantonese: **Or tow tung.**
Or - as in or. (**Or** *should pedantically be said as* **ngor**.)*
tow - as in towel
tung - sounds like toong

English: **I have no electricity.**
Cantonese: **Or ook kay mo deen.**
Or - same as or
ook - same sound as look
kay - as in OK
mo - like no
deen - like keen

English: **My name is Bill.**
Cantonese: **Or gore mang high-ee Bill.**
Or - (Again, it should really be **ngor**.)*
gore - what bulls do
mang - like hang
high-ee - high + ee run together

* **Or** and **Ngor**. 1st person singular.
Or is fine, but if you listen carefully to Cantonese speakers, you'll hear them correctly say **or** as **ngor**. It's really hard to describe. You'll get by with **or**. Then you can master **ngor**.

Hyphenated words
When you see hyphenated words, don't pan-ick. Words like **mm-goy** and **high-ee** are two sounds:
mm and **goy** and **high** and **ee** but are run together.

Bracketed characters
Yar(t) - The t is silent. It's there, but you don't make a big deal of it.

Contents

THE FIRST PHRASE TO LEARN	12
SHOPPING	12
AT THE RESTAURANT	15
AT THE WESTERN DOCTOR	18
AT THE AIRPORT	19
TAXIS	20
FURTHER TAXIS	23
ORDERING A TAXI ON THE PHONE	25
CHINESE OPERA	26
COMPASS	27
UP IN THE SKY/WEATHER	27
NUMBERS	28
THE TIME	30
HOURS	31
POLITE SECTION	31
THE PHONE	33
OPPOSITES	35
WHERE YOU'RE FROM	38
OLYMPIC GAMES/SPORTS	40
AT THE RACES	42
THAT HAPPY DAY	43
THAT UNHAPPY DAY	43
DEPT. OF COOL	44
BARS	44
INTRODUCTIONS	46
ROMANCE	48
BUSINESS	51
YOUR APARTMENT	54
EMERGENCIES	55
GREETINGS/FAREWELLS	57
HAPPY & MERRY	59
SIGHTSEEING	59

CONTENTS

WE HAVE A PROBLEM	61
TRICKY SITUATIONS	62
SMALL TALK	63
POLITE INSULTS	66
SMOKERS' CORNER	67
THE MINI-BUS	68
BRILLIANT LOCAL SAYINGS	69
BUDDHIST WISDOM	74
LAI CHAR CHAT	74
FOOD	76
SUPERMARKET	78
ON THE GOLF COURSE	79
MORE POLITE INSULTS	79
BODY PARTS	80
GETTING JUICED	82
APARTMENT DEPT.	84
DONNIE BRASCO SECTION	86
THE "E" SECTION	87
PEOPLE	87
BUYING THE SCMP	88
MOBILE PHONES	88
HARDWARE SHOP	88
IN THE KITCHEN	89
LOVE STUFF	90
TRIADS	90
CLEAN SECTION	90
MEET THE GOWS	91
MEET THE FARTS	92
MEET THE YERNGS	92
MEET THE SICKS	93
MEET THE TANGS	94
DID YA MISS ME?	94
HK & KOWLOON	95
EVERYDAY PHRASES	96

CONTENTS

IN COURT	96
TV/RADIO/HI-FI/PHONE	97
FEELINGS	97
YES/NO	98
CORRECT PRONUNCIATION DEPT.	99
F.I.L.T.H.	99
COPPING A BREAK	99
WHERE CAN I BUY?	99
PESTS' CORNER	100
PETS' CORNER	101
READING MATTER	101
A-Z OF WORDS	102
WHY ARE YOU HERE?	107
MEET THE MUTTS	108
WHAT'S UP?	109
FLORA & FAUNA	109
MID-LEVEL LOGIC	109
MEET THE WAANS	110
WORLD CITIES/PLACES	110
MONTHS	111
DAYS	112
SEASONS	113
MONEY	113
AT THE LAUNDRY	114
COLOURS	115
AT THE MOVIES	116
HOW TO WIN THE MARK SIX	116
ALL THE BEST	116
USEFUL PHONE NUMBERS	117
TRANSPORT	118
WHAT THEY SAY ON THE MTR	118
ABOUT THE AUTHORS	119
EMERGENCIES IN CHINESE	122

The first phrase to learn

I don't speak Cantonese.
Or mm-sick gong gwong doong-wah.

Shopping

How much please?
Gay door cheen mm-goy?

Sounds a little expensive. **Waaaah!**
(**Waaaah!** *is one of Hong Kong's great exclamations. Use* **Waaaah!** *at will. An English equivalent is Holy Shit!*)

Can you make it cheaper?
Pang dee duck-mm-duck?

I'm not a tourist.
Or mm-high yow hark.

Have you got a small?
Nay yow mo sigh ma?

Have you got a medium?
Nay yow mo joong ma?

Have you got a large?
Nay yow mo die ma?

OK, I'll think about it.
Or lum ha seen.

Have you got any other colours?
Nay yow mo kay tar sick?

Will it work overseas?
Hay-ee ngoy gwok yong duck-mm-duck?

Can you deliver? **Yow mo soong four?**

When? **Gay see?**

What day? **Been yart?**

What time? **Gay deem joong?**

Can you deliver this week?
Gum gore lay by soong for duck-mm-duck?

Can you deliver next week?
Ha gore lay by soong for duck-mm-duck?

Can you deliver this weekend?
Gum gore tzow moot soong for duck-mm-duck?

SHOPPING

SHOPPING

*The **soong** in 'Can you deliver'…etc has no phonetic next of kin in English.*
***Soong** is a combination of the vowel sounds in ooze and the u sound of sung.*

….*(Next, you may need to ask one of the following)*
Saturday? **Lay-by look?**
Sunday? **Lay-by yart?**
Morning? **Serng jow?**
Afternoon? **Ha jow?**

Can you deliver today?
Gum-yart soong for duck-mm-duck?

Are you open tomorrow?
Ting-yart hoy-mm-hoy moon?

What time do you open?
Gay deem hoy moon?

What time do you close?
Gay deem sarn moon?

Can you order me one?
Bong or or-dah duck-mm-duck?

When can I have it?
Gay see yow duck law?

I want my money back!
Bay farn cheen or!

Can I pay by credit card?
Look card duck-mm-duck?

At the Restaurant

Excuse me, this isn't cooked.
Mm-goy, lay dee soong may sook.

Do you have an English menu please?
Yow mo ying-man charn pie mm-goy?

That looks good, I'll have that.
Bay dee gore dee or mm-goy.

What do you recommend?
Yow mutt yeah ho sick?

Can I have the bill please?
My darn mm-goy?

Can I have a receipt please?
Bay darn or mm-goy.

We are vegetarians. **Or day sick so.**

AT THE RESTAURANT

Can we have a non-smoking table?
Yow mo fay cup ying coy-ee mm-goy?

Where's the toilet please?
Chee-saw high been dough mm-goy?

I'll have that (*point to the dish you're referring to*) but with no meat.
Gore dee (*point now*) **mm-yew yook mm-goy.**

A cup of water please.
Mm-goy nay bay boo-ee soy or.

Can we smoke?
Hor-mm-hor yee sick yin?

Doggie bag please.
Bong or bow hay coy-ee.

Beef fried noodles.
Yart gore ngow yok chow mean.

Beef & rice. **Yart gore ngow yok farn.**

Chicken noodle soup.
Yart gore guy-ee tong mean.

Chicken and rice.
Yart gore guy-ee farn.

Chicken fried noodles.
Yart gore guy-ee chow mean.

Pork noodle soup please.
Mm-goy yart gore jew yok tong mean.

Pork and rice. **Yart gore jew yok farn.**

Vegetables and rice.
Yart gore choy farn.

Vegetables and noodle soup.
Yart gore choy tong mean.

Vegetables and stir fried noodles.
Yart gore choy chow mean.

Literally, the **yart gore** *above means "one of these dishes."*

Got any fish today?
Gum-yart, yow mo yew?

I'm full. **Sick bow.**

No MSG thanks. **Mm-yew may jing.**
*(***Mm-yew*** should really be* **Mm-yee-oo** *but* **Mm-yew** *will do.)*

No chillies. **Mm-yew lart.**

More chillies. **Door dee lart.**

Some water please. **Soy mm-goy.**
*(***Soy*** should really be* **Soy-ee** *but* **Soy** *will do.)*

And, when you hear the nice waiter or waitress say **Bay cheen -** it's time to pay up!

At the Western Doctor

I feel dizzy. **Or tow one.** *(***tow*** as in towel)*

I've got the shits. **Or toe sair.**

I have a pain here. **Or lido ho tung.**

I have a fever. **Or far(t) gun see-you.**

I've got the flu. **Or gum-mo.**

I have a headache. **Or tow tung.**

I have a sore throat.
Or how loong tung.

My baby's coughing all the time.
Or gore sigh-lo sang yart cut.

My baby's crying all the time.
Or gore sigh-lo sang yart harm.

At the Airport

I've lost my bag.
Or mm-geen jaw or gair doy-ee.

I've lost my luggage.
Or mm-geen jaw or gair hung lay.
Hopefully, you will then hear some good Samaritan in a uniform of sorts say…
Mutt yeah sick? (What colour?)

Where are the taxis? **Mm-goy, been doe yow dixie darb-ah?**

Taxis

Follow that cab. **Gun gore gar dixie.**

Can I smoke?
Sick-mm-sick duck yee aah?

Got any music? **Hoy dee yum lock tang ha?**
(*If your hard-working and generally underpaid Hong Kong cabbie can't understand you, he will say* **May-ah?** *ie: What's that?*)

Faster please. **Fie dee mm-goy.**

Slow down mate. **Marn dee mm-goy.**

Stop here. **Lee-dough/Lido.**

Stop here thanks.
Hi nee-dough ting mm-goy.
(*A flasher way of saying stop here.*)

Stop there thanks.
High gore-dough ting mm-goy.

Turn right. **June yow.**

TAXIS

Turn left. **June jaw.**

Turn around. **Dew tow.**

Please wait a moment.
Dung dung mm-goy.

It's near … **Gun jew …**

It's opposite … **Doy mean …**

This corner please. **June waan mm-goy.**

Keep going. **Check hoy.**

I'll show you. *(ie: You drive, I'll show you.)* **Or die nay hoy.**

Star Ferry. **Teen sing ma tow.**
(**Tow** *as in tower. And while you're at it, don't forget to ask the developers just why they tore down one of Hong Kong's famous landmarks.*)

Sorry, I was here first.
Doy mm-jew, or seen.

How's the traffic?
Suck-mm-suck chair?

TAXIS

Where's the traffic jam?
Been dough suck chair?

How much? **Gay cheen?**

Receipt please.
Hoy jerng darn mm-goy.

(It's polite to ask this next one in case you've only got a $500 or $1,000 note before the cab sets off.)
Do you have change?
Yow mo duck tzow?

Keep the change. **Mm-say-ee jow.**

Further Taxis

The (arguably) dynamic duo behind Instant! Cantonese, wish to get those who have bought our book to become more involved with the great town of Hong Kong and its underpaid cabbies. For instance, most foreign devils jump into a cab and just say the place to where they want to go.
So here's how to say,
"Take me to ... such and such a place."

Take me to ... Queen's Road East.
Chair or hoy ... Wong how die dough doong.

Take me to Bonham Road.
Chair or hoy Poon-ham dough.

Take me to Hollywood Road.
Chair or hoy Haw-lay-wood dough.

Take me to Central.
Chair or hoy Chung Waan.

Take me to Admiralty.
Chair or hoy Gum Joong.

FURTHER TAXIS

Take me to Causeway Bay.
Chair or hoy Tung Low Waan.

Take me to Wan Chai.
Chair or hoy Waan Tzie.

Take me to Tsim Sha Tsui.
Chair or hoy Jim Sar Joy.
(Note: never refer to it as TST or worse still Chim-see. Both far too Sloane Rangerish to be even remotely cool. The horror, the horror.)

Take me to Happy Valley.
Chair or hoy Pow Ma Day.

Take me to Quarry Bay.
Chair or hoy Jutt You Choong.

Take me to the Airport.
Chair or hoy Gay Churng.

Take me to the Airport Express.
Chair or hoy Gay Tit.

Dough=*Road*. **Guy**=*Street*.

Ordering a cab on the phone the *Instant!* way

Hello. **Waay.**

Can I order a cab for <u>50 Bonham Road</u>?
**Or-dar taxi or day jew high
<u>mm-supp-ho Poon-ham dough</u>?**
Going to…Central.
Hoy … Chung Waan.

1 person. **Yart gore yarn.**
2 people. **Lerng gore yarn.**
3 people. **Sarm gore yarn.**
4 people. **Say gore yarn.**

When will it arrive?
Gay see haw yee lie dough?

Can the cab come now?
Yee-gar duck-mm-duck?

Please phone me when it arrives.
Dicksee lie dough dar deen wah bay or.

My phone number is…
Or deen wah ho ma hi…

ORDERING A CAB

The cab operator may ask you:
What name? **Mutt yeah mang?**
My name is Nick.
Or gore mang hi Nick.

Cabs: If you're new to HK, some aspects of life in the great town will no doubt be hard to fathom. One such aspect is which red and white cabs cross the harbour from HK Island to Kowloon.
HK cabs are red and white and the ones that will gladly cross over the harbour have a red piece of cardboard next to the For Hire sign.
Ditto going back the other way.
Green cabs are commonly known as Kowloon Taxis.

A Night at the Chinese Opera

Er, how long is the performance?
Nee cherng bew ying gay loy-aah?

What exactly is going on?
Lee-go goo-tzie gong mutt yeah?

Can we go?
Or day haw-mm-haw-yee jow lar?

I need to go to the loo. **Or gup lee-oo.**
(Literally, I need to pee.)

Compass

North. **Buck.**

East. **Doong.**

West. **Say-ee.**

South. **Narm.**

Up in the Sky/The Weather

Sunset. **Yart lock.**

It will clear up later.
Dung-yart jun woo-ee ho teen.

Hot today isn't it? **Gum-yart ho yeet?**

Cold today isn't it?
Gum-yart ho doong?

THE WEATHER

Humid today isn't it?
Gum-yart, ho chee-oo supp?

Nice day eh? **Gum-yart ho teen?**

It's a Numbers Game

NUMBERS

1 **Yart**

2 **Yee**

3 **Sarm**

4 **Say**

5 **Mm**

6 **Look**

7 **Chut** (like **shut**)

8 **Bart**

9 **Gow**

10 **Supp**

11 **Supp yart**

12 **Supp yee …etc.** *(Just follow logic up to 20.)*

20 is therefore **Yee supp.**

21 **Yee supp yart etc.** *(Apply same logic - proceed with **Instant!** confidence.)*

30 **Sarm supp**

31 **Sarm supp yart … etc**

40 **Say supp … etc, etc**

100 **Yart bar(k) … etc etc**

1,000 **Yart cheen … etc, etc**

10,000 **Yart marn**

100,000 **Supp marn**

200,000 **Yee supp marn**

300,000 **Sarm supp marn**

1,000,000 **Yart bar(k) marn**

What's the Time?

Got the time please?
Gay deem-aahh mm-goy?

1 o'clock **Yart deem**

2 o'clock **Lerng deem**

3 o'clock **Sarm deem**

4 o'clock **Say deem**

5 o'clock **Mm deem**

6 o'clock **Look deem**

7 o'clock **Chut deem**

8 o'clock **Bart deem**

9 o'clock **Gow deem**

10 o'clock **Supp deem**

11 o'clock **Supp yart deem**

12 o'clock **Supp yee deem**

Parts of the hour

1:15 **Yart deem supp-mm fun**

1:30 **Yart deem sarm-supp fun**

1:45 **Yart deem say-supp-mm fun**

The Polite Section

Excuse me. **Mm-goy.**

Thanks. **Mm-goy.**

Thank you very much.
Mm-goy sigh.

Thank you. *(When someone gives you something.)* **Door jair.**

I'm sorry. **Doy-mm jew.**

After you. **Lay seen.**

Have a seat. **Ching chore.**

Can I help you?
Or haw-mm-haw yee bong lay?

THE POLITE SECTION

Sorry, my Cantonese is not very good.
Doy-mm jew, or dee gwong-doong-wah gong duck mm-ho.
(Especially for Mani Rao.)

You dropped something.
Nay dit jaw yeah.

Nice to meet you. **Hung woo-ee.**

I say, would you like to share my cab?
(Not much point in translating this one as few, if any Hong Kong people would believe you.)

Good morning. **Joe sun.**

Good night. **Marn on.**

My shout. **Or chang nay.**

How are you? **Nay ho ma?**

Response, when someone wishes you a cheery **Nay ho ma?**
You say **Gay ho.** *(ie: Fine thanks.)*

You're welcome. **Mm-sigh mm-goy.**

No worries. **Mo-men-tie.**

Please come in. **Ching yup lay.**

The Phone

Hello. **Way.** *(Slight ascending tone imparts politeness.)*

Speak slowly. **Gong marn dee.**

Speak up. **Die sang dee.**

Wrong number. **Dar chore.**

Who do you want? **One been way?**

Not here. **Mm-high doe.**

What number do you want?
Lay dar gay door ho deen wah?

Is Nick there please?
Nick high-mm-high doe mm-goy?
(or)
Mm-goy, Nick high-mm-high doe?

THE PHONE

What time will he/she be back?
Coy-ee gay deem jung farn lie?

I'll call (them) back later.
Or dar farn bay coy-ee.

My name is Nick.
Or gore mang high-ee Nick.

It's not important. **Mm-gun you.**

Do you know where he/she is?
Lay jee-mm-jee coy-ee high been doe?

This is … *(your number)*.
Lido deen wah ho ma high… *(your number)*.

I'm busy right now.
Or yee-gar mm-duck harn.

Please don't call again!
Mm-ho joy da-lay!
(And of course, slam down the receiver.)

Opposites

Night. **Yeah marn.**
Day. **Joe sun.**

Delicious. **Ho sick.**
Lousy. **Mm-ho sick.**

Cold. **Doong.**
Hot. **Yeet.**

Sweet. **Teem.**
Sour. **Soon.**

Spicy hot. **Lar(t)**
Bitter. **Foo.**
The four classic tastes of Chinese food:
soon, teem, foo, lar(t)

Smart. **Chong ming.**
Thick. **Chun.**

Me. **Or (Ngor).**
You. **Nay.**

Him or her. **Coy-ee.**
Us. **Or day.**

OPPOSITES

You (plural). **Nay day.**
Them. **Coyee day.**
Everyone. **Die gar.**

This. **Nee gore.**
That. **Gore gore.**

Here. **Nee dough.**
There. **Gore dough.**

Rich. **Yow cheen.** *(Literally to have money.)*
Poor. **Mo cheen.**

Fast. **Fie.**
Slow. **Marn.**

More. **Door.** *(ascending tone)*
Less. **See-you.**

A bit more. **Door dee.**
A bit less. **See-you dee.**

Heavy. **Chong.**
Light. **Hang.**

Married. **Geet jaw fun.**
Single. **May geet fun.**

OPPOSITES

Healthy. **Geen hong.**
Not healthy. **Mm-geen hong.**

In. **Yu(p)**
Out. **Chu(t)**
(Remember - characters in brackets are silent characters.)

Plain. **Ping serng.**
Beautiful. **Ho lang.**

Hungry. **Ho toe or.**
Full. **Ho bow.** *(As in bowing and scraping.)*

Fat. **Fay.**
Thin. **Sow.** *(Female pig.)*

Happy. **Hoy sum.**
Sad. **Mm-hoy sum.**

Drunk. **Joy jaw.**
Sober. **Ching sing.**

WHERE IN THE WORLD?

Where in the world do you come from?

I'm from… **Or lie jee**….

I'm from New Zealand.
Or lie jee Lao sigh larn.
(Lao as in Laos.)

I'm from …the USA.
Or lie jee … May gwo(k).

New Zealand. **Lao sigh larn.**

USA. **May gwo(k).**

England. **Ying gwo(k).**

Australia. **Oh tzow.**

France. **Fart gwo(k).**

Germany. **Duc(k) gwo(k).**

China. **Joong gwo(k).**

Russia. **Or law see.**

Italy. **Ee die lay.**

Africa. **Fay tzow.**

Sth. America. **Narm may.**

Spain. **Sigh barn nga.**

Scotland. **See got larn.**

Ireland. **Oy yee larn.**

Wales. **Way ee see.**

Philippines. **Fay lip bun.**

Thailand. **Tie gwo(k).**

India. **Yun dough.**

Austria. **Oh day lay-ah.**

Turkey. **Toe ee-kay.**

Malaysia. **Mar loy sign-ah.**

Indonesia. **Yun dough nay sign-ah.**

WHERE IN THE WORLD?

Olympics

On your marks, get set… it's the Olympic section. That 4-yearly event when we all allegedly blend into a compliant melting pot of humanity, lured and glued to our TV's by the Lords of the 5 Rings.
But seeing as the Olympics are only flavour of the month for two weeks, we the authors initially rebelled.
However, on consideration that including an Olympics Section may be an attractive hint to shoppers, and because steroids are not getting any cheaper, we include the following.

Gold medal. **Gum pie.**

Silver medal. **Ngun pie.**

Bronze medal. **Tong pie.**

Where is this event taking place?
Lee-go bay choy high been dough john hung?

Who won? **Been-gore yang?**

Who lost? **Been-gore sue?**

Who came first? **Been-gore die yart?**

Who came second? **Been-gore die yee?**

Who came third? **Been-gore die sarm?**

Who came last? **Been-gore die may-ee?**

Who do you think will win?
Nay gwoo-hah been-go woo-ee yang?

Are you a betting man/woman?
Nay dough-mm-dough cheen?

How much are you putting on?
Nay dough gay door?

How much did you win?
Nay yang gay door?

How much did you lose?
Nay sue gay door?

Which country won?
Been-gore gwok gar yang jaw?

Very fast! **Ho fie!**

Very slow. **Ho marn.**

Useless. **Mo yong.**

Well done! **Ho yeah!**

World Record. **Sigh guy gay look.**

Olympic Record. **Oh one gay look.**

A Day at The Races - Happy Valley or Sha Tin style

Who won? **Been-go yang?**

Who lost? **Been-go sue?**

Who came first? **Been-go die yart?**

Who came last? **Been-go die may-ee?**

Who do you think will win?
Nay gwoo-hah been-go woo-ee yang?

Are you a betting man/woman?
Nay dough-mm-dough cheen?

How much are you putting on?
Nay dough gay door?

How much did you win?
Nay yang gay door?

How much did you lose?
Nay sue gay door?

That happy day at the altar or registry office

I do. **Or yoon yee.**

That unhappy day

I've met someone else.
Or sick jaw die-ee gore.

I want a divorce. **Or yee-oo lay fun.**

Department of Cool

Very cool. **Ho cool.**

Uncool/Not cool. **Mm-cool.**

Bars

Cheers. **Yum sing.**

I don't drink. **Or mm-yum jow.**

Where shall we have a drink?
High been dough yum yeah?

What time do you close?
Gay deem sarn moon?

Same again thanks mate.
Jing door yart boo-ee mm-goy.

Make it a double.
Dar-bo mm-goy.

Do you serve food here?
Nee-dough yow mo yeah sick?

Can you turn the music down?
Yum ngok sigh sang dee mm-goy?

BARS

Can you turn the music up?
Yum ngok die sang dee mm-goy?

I'll buy you a drink/It's my shout.
Or chang nay.

Would you like to dance?
Tee-oo mm-tee-oo mo?

I'm drunk.
Or yum die jaw.

You're drunk.
Nay yum die jaw.

He's/She's drunk.
Coy yum die jaw.

I drank too much last night.
Or gum marn yum die jaw.

A little ice. **See-you-dee bing.**

No ice. **Mm-you bing.**

Heineken. **Hey lick.**

Carlsberg. **Gar see bark.**

San Miguel. **Sung lick.**

Red wine. **Hoong chow.**

White wine. **Bark chow.**

Water. **Soy.** *(***Soy-ee** *is more correct.)*

Give me a glass of water please.
Bay boo-ee soy or mm-goy.

Personal Introductions

My name is … Tom.
Or gore mang high-ee …Tom.

My surname/family name is … Harris.
Or sing …Harris.

This is my wife …Jane.
Coy-ee high-ee or gair tie-tie …Jane.

This is my husband …Wally.
**Coy-ee high-ee or gair lo-goong
…Wally.**

This is my boyfriend …Dennis.
**Coy-ee high-ee or gair nam
pung-yow …Dennis.**

PERSONAL

This is my girlfriend …Paula.
Coy-ee high-ee or gair noy-ee pung-yow…Paula.

This is my son …Matt.
Coy-ee high-ee or gair jay-ee …Matt.

This is my daughter …Mary.
Coy-ee high-ee or gair noy-ee …Mary.

This is my father …Les.
Coy-ee high-ee or gair bar-bar …Les.

This is my mother …May.
Coy-ee high-ee or gair mar-mar …May.

Let me introduce …Paul.
Dung or guy see-you …Paul.

This is …Bill. **Nee way high …Bill.**

This is Mr …Gordon.
Nee way high …Gordon seen sarng.

This is Miss …Jones.
Nee way high …Jones see-you jair.

This is Mrs …Jones.
Nee way high …Jones tie-tie.

PERSONAL

Are you married?
Nay geet jaw fun may?

Do you have any children?
Nay yow mo sigh-low?

Romance

You're a pretty girl.
Nay ho lang loy-ee.

You're a handsome guy.
Nay ho lang juy. (juy *like* **guy)**

You look nice. **Nay ho lang.**

Is anyone sitting here?
Lee-dough yow mo yarn chore?

Are you free tomorrow?
Nay ting-yart duck-mm-duck harn?

Can I buy you a drink? **Or chang nay yum boo-ee duck-mm-duck?**

What would you like? **Yum mutt yeah?**

ROMANCE

Shall we leave? **Jow lar ho-mm-ho?**

Can I call you tomorrow?
Or ting-yart bay deen wah nay ho-mm-ho?
(Assuming the planets are in alignment and he or she says yes, then strike while the iron's hot and quickly ask)…

What's your phone number?
Nay deen-wah gay door ho?

What time do you finish?
Nay gay deem jung sow goong?

Do you have a husband?
Nay yow mo lo goong?

Do you have a wife?
Nay yow mo lo paw?

Do you have a boyfriend?
Nay yow mo narm pung yow?

Do you have a girlfriend?
Nay yow mo noy-ee pung yow?

ROMANCE

Would you like to go out with me?
Serng-mm-serng tung or hoy guy?

Will you marry me?
Or serng tung-nay geet fun?

Where to? **Hoy been dough?**

Let's go to bed. **Fun gow la.**

What's your name?
Deem ching foo nay?

How old are you?
Nay gay door soy-ee?

Can I see you again?
Gay see joy geen?

Any gay bars around?
Gay bar high been dough?

Got any condoms? **Yow mo toe?**

Does it feel good? **Jang-mm-jang?**

Want some more? **Jung yew-mm-yew?**

Taking care of Business

Sorry I'm late.
Doy-mm-jew or chee dough.

Sorry I'm early.
Doy-mm-jew or joe jaw.

When can I meet you?
Gay see joy geen meen?

Where is your office?
Nay goong see high been dough?

I have an appointment with Mr Wong.
Or yerk jaw Wong seen sarng.

I have an appointment with Miss Wong.
Or yerk jaw ...Wong see-you jair.

I have an appointment with Mrs Wong.
Or yerk jaw ...Wong tie tie.
(Actually, Miss and Mrs are identical so use **See-you jair** *for Miss or Mrs.)*

BUSINESS

BUSINESS

I have an appointment today with Mrs Wong <u>at 11am</u>.
Or yerk jaw Wong see-you jair gum-yart <u>supp-yart deem jung</u>.

How's business?
Sarng yee ho-mm-ho?

Business is good. **Ho sarng yee.**

Business is bad. **Mm-ho sarng yee.**

No business. **Mo sarng yee.**

How many people in your company?
Nay goong see yow gay door gore for gay?

Your office is very nice.
Nay goong see ho lang.

What would you like to drink?
Nay serng yum mutt yeah?

Won't be a moment, please have a seat.
Ching chore, mm-goy nay dung-dung.

It's an honour to meet you.
Hung woo-ee.

Do you have an office in China?
Yow mo office high-die look?

Are you interested in doing business?
Or day joe-mm-joe sarng yee?

It's a good opportunity.
Ho gay woo-ee.

Too expensive. **Tie gway.**

Seems expensive. **Gway jaw-dee.**

You're kidding. **Gow chore.**

You're cheating. **Nay one bun.**

Aah you're clever. **Nay ho lec(k).**
(The time-honoured process of buttering someone up.)

Give me some face. **Bay meen.**

I'll think about it. **Lum har seen.**

I have to go. **Or yee-oo jow lar.**

Get lost! **Harng hoy laa!**

BUSINESS

Your Apartment

I have no electricity.
Or ook kay mo deen.

We have no water. **Or day mo soy-ee.**

Your aircon is leaking.
Nay gor-larng hay gay lao soy-ee.

Can you turn your music down?
**Yum ngok sigh sang dee
duck-mm-duck?**

We live downstairs.
Or dee high lao har jew.
(**lao** *sounds like* **how**)

We live upstairs.
Or dee high lao serng jew.

My baby is trying to sleep.
Or bee-bee ee-you fun gow.

Could you stop making so much noise?
Mm-ho gum cho duck-mm-duck?

Please close your door.
Mm-goy nay sarn moon.

Fire! **For jook-aahh!**
*(Look harried, panic if necessary.
It should help get the message across.)*

Get me an electrician.
Bong or one gore deen hay see-foo.

Get me a plumber.
Bong or soy how see-foo.

Emergencies

Please get me someone who
speaks English.
**Bong or won gore yun sick gong
ying-man mm-goy.**

Call the cops! **Bong or gill ging-chart!**

Call an ambulance.
Bong or gill gow serng chair.

Call the fire department.
Bong or gill gow for chair.

EMERGENCIES

What number is the fire department?
Yow mo see-oo fong gook gay door ho deen wah?

Where is the nearest hospital?
Joy gun gair ee-yoon high been dough?
*(For Instant! Cantonese credibility, when asking a question, add an inquisitive **aahh** at the end of the sentence. As demonstrated by)…*

Where is the nearest police station?
Joy gun gair ging-chart gook high been dough-aahh?

Stop thief!
Churn yeah-aahh!

Help me. **Gow mang.**

This guy's hassling me. **Coy fay lie or.**

Look out! **See-oo sum aahh!**

I need a doctor.
Fie dee bong or one gore ee-sung.

I'm having a baby!! **Or ee-oo sarng jie!!**

I've been robbed. **Yow yun tow jaw or yeah.** (*Hopefully, a concerned local will say:* **Tow mutt yeah?** *- meaning what did they steal?*
Then you can say **Cheen** *- meaning money, or* **Haw bow** *meaning wallet. Assuming that it is your wallet and cash that have been nicked.*)

Do you have a dentist's phone number?
Yow mo ngar-yee deen wah?

Do you have a doctor's phone number?
Yow mo ee-sung deen wah?

Greetings & Farewells

What's new?/What's happening?
Deem aahh?

How are you?/How's it going?
Nay ho ma?

Long time no see.
Ho loy mo geen.

GREETINGS & FAREWELLS

See you next time./See you soon.
Ha chee joy geen.

See you again./See you around.
Joy geen.

See you tomorrow.
Ting-yart geen.

Let's go./Gotta go. **Jow lar.**

How are you all?/How is everyone?
(to a group of people) **Die gar ho ma?**

Have you eaten yet?
Sick jaw farn may?
(This is THE famous HK and Sth. China greeting. It's an ice-breaker and it's considered polite to ask this question. If you have or have not eaten, you politely say in reply):
Sick jaw mm-goy.

Penmanship

Got a pen?
Yow mo butt?

Happy & Merry

Happy birthday. **Sarng yart fie lock.**

Happy Chinese New Year. **Kung hey far(t) choy.**

Merry Christmas. **Sing darn fie lock.**

Happy New Year. **Sun-nin fie lock.**

Sightseeing

Central. **Chung Waan.**

Admiralty. **Gum Jung.**

Wanchai. **Waan Tzie.**

Causeway Bay. **Tung Lo Waan.**

Happy Valley. **Pow Ma Day.**

Quarry Bay. **Jutt Yew Choong.**

Shek O. **Sek O.**

Stanley. **Chac(k) Choo.**

SIGHTSEEING

Yau Ma Tei. **Yow Ma Day.**

Tsim Sha Tsui. **Jim Sar Joy-ee.**

Mongkok. **Mong Gock.**

(Note: Yau Ma Tei, Tsim Sha Tsui and Mongkok are Hong Kong's famous Golden Triangle of Shopping. Unlike the other Golden Triangle however, no-one will be spraying paraquat over you while you actively pursue that opiate of Hong Kong - Shopping.)

Museum of History.
Lick-see bock mutt goon.

Space Museum. **Tie hung goon.**

Cultural Centre.
Mun far chong sum.

Jade Market. **Yoke hay see chong.**

Temple Street Night Market. **Meal guy.**

Ladies' Market. **Noy-ee yun guy.**

Lamma Island. **Narm-ah Dough.**

Lantau Island. **Die You Sarn.**

Kowloon. **Gow Loon.** *(Slightly tricky to say.)*

Peak Tram. **Larm chair.**

Hollywood Road. **Haw Lay Wood Dough.**

The Peak. **Tie Ping Sarn Dang.**

The nearest MTR please. **Joy kun day teat jarm, mm-goy.**

Star Ferry. **Teen Sing Ma Tow.** *(This literally means the Central Star Ferry Building. Or it did when it was still there.)*

We have a problem

What's the problem? **Yow mutt yeah mun-tie?**

Everything's cool. **Mo-men-tie.** *(Run it together - **momentie**)*

You have a problem. **Nay yow mun-tie.**

Are you sure it's cool?
Woo-ee-mm-woo-ee yow mun-tie?

You will have a problem.
Nay woo-ee yow mun-tie.

No problem.
Mm-woo-ee yow mun-tie.

Slightly tricky situations

None of your business. **Nay door see.**

Piss off. **Harng hoy.**

What do you want? **Serng deem?**

Let's discuss it shall we? **King ha?**

Nothing to worry about.
Mm-sigh gun jerng.

Don't worry about it. **Mo yeah.**

Go and take a running jump at yourself.
Pook guy.

What are you looking at?
Yow mutt yeah ho tie?

Bastard. **Say lo.**

Oy! Join the queue! **Way! Pie doy!**

Be quiet. **Jing dee.**

You're mad. **Chee seen.**

Are you blind? **Nay marng gah?**

Hurry up. **Duck may-aahh.**

Relax will you?
Mm-sigh gum gun jerng?

Small Talk

Long time no see. **Ho loy mo geen.**

I'm very happy. **Or ho hoy sum.**

Not happy. **Mm-hoy sum.**

What's happening? **Deem aah?**

SMALL TALK

What have you been up to?
Lo mutt yeah?

Did you go to the races?
Yow mo pow ma?

Do you think it's going to rain?
Woy-ee-mm-woy-ee lock you?

Big Boss. **Lo Barn.**
*(This is said when addressing someone
- a friendly, yet respectful greeting.)*

Been waiting long? **Dung jaw ho loy?**

Hot today isn't it? **Gum-yart ho yeet?**

Cold today isn't it?
Gum-yart ho doong?

Everything's cool. **Gow deem.**

That's it/Job done. **Gow deem.**

Thanks for your help.
Door-jair nay bong sow.

See you again. **Joy geen.**

See you tomorrow. **Ting-yart geen.**

Seen any good movies lately?
Yow mo tie hay?

Maybe. **Wah jer.**

Is that so?/Really? **High mare?**

Says who? **Been gore wah?**

You're joking. **Yow mo gow chore.**

What a drag. **Ho moon.**

Let's eat. **Sick dee yeah law.**

Cantonese is really hard to learn.
Gwong doong wah ho narn hock.

Stay well./Take it easy. **Bo jung.**

That's cool. **Gow deem.**

You're clever. **Nay ho leck.**

SMALL TALK

Polite Insults

You've got bad breath.
Nay how chow.
(A particularly nasty insult.)

None of your business.
Gwan nay mutt yeah see.

What are you saying?
Nay gong mutt yeah?
(Basically: You're full of shit.)

Hurry up. **Fie dee laa.**

Very busy. **Ho mong.**

Very boring. **Ho moon.**

F##k you. **Dee-you lay.**

Dead shit. **Pook guy.**

He's/She's a dead shit.
Coy-ee pook guy.

Dickhead. **Lun tow.**

Wanker. **Lun tow.**

He's a wanker.
Coy-ee high lun tow.

Bitch. **Bart paw.**

She's a bitch.
Coy-ee high bart paw.

Dead shit. **Soy yun.**

Idiot. **Mong low.**

Smokers' Corner

Got a light?
Yow mo for?

On the Mini-Bus

Stop please. **Yow lock mm-goy.**

Citizens of Hong Kong - learn how to say **Yow lock mm-goy.**
This will immediately separate you from those lazy souls who shout out to the driver "Stop please" in English. Such bad Mini-Bus etiquette is too tragic for words.

Stop here please.
Lido lock duck-mm-duck.

(Stop at) The next 7-11 please.
Chut-supp-yart mm-goy.

(Stop at) The next bus stop please.
Bar-see jarm mm-goy.

Mini Bus. **See-yoo bar.**

Bus. **Bar-see.**

Excellent local sayings

Neither here nor there.
Mm-sarm mm-say.
(Literally: neither 3 nor 4.)

Either this one or that one./
It's hard to choose.
Supp-mm supp-look.
(Lit: could be 15, could be sixteen.)

Almost finished.
Chutt chutt, bart bart.

Very hard to handle. **Say jim bart gock.**
(Lit: 4 points, 8 corners. Hard to get to grips with a given situation.)

Six of one, half a dozen of another.
Boon gun bart lerng.
(Lit: half a cattie vs. half the units that comprise a cattie. A cattie being 500 gms.)

Very stable./Perfectly balanced.
Say ping bart one.
(Lit: steady on all sides.)

LOCAL SAYINGS

It's a piece of cake.
Yart bow(l), dung teen.
(Lit: one step to Heaven.)

Killing two birds with one stone.
Yart zeen, serng dee-oo.
(Lit: 1 arrow, 2 birds.)

Love at first sight.
Yart geen, jung ching.

A 'win-win' situation.
Choy sick, geem sow.
(Lit: you have money and sex.)

Pushing shit uphill.
Lie ngow, serng sue.
(Lit: dragging a cow up a tree.)

Stuck in the middle.
Mm-serng, mm-lock.
(Lit: neither up nor down.)

Asking for trouble. **Yun long, yup sutt.**
(This phrase applies to the more romantic side of life and probably to a femme fatale. Lit: you lured the wolf to your home.)

LOCAL SAYINGS

Nothing much happening.
Harng harng, kay kay.

Out of it. **One one, done done.**

Bits & pieces. **Ling ling, ding ding.**

Groper. **Door sow, door gurr.**

Pervert. **Harm harm, supp supp.**

Going back and forth.
Lie lie, hooey hooey.

Very happy. **Hoy hoy, sum sum.**
(Lit: having an open heart.)

She's the boss. **Loy yun, die sigh.**

He's/She's the boss.
Coy-ee high lo barn.

continues overleaf...

LOCAL SAYINGS

Waste of a life./Burning the candle at both ends.
Far teen, jow day.
(Lit: Flowers in Heaven, wine spilt on the ground.)
Winner of The Publisher's Gold Award for literal translations.

We're in agreement./I dig where you're coming from.
Butt yerk, yee tung.
(Lit: We meet, even though we have no appointment.)
Winner of The Publisher's Silver Award for literal translations.

Nasty piece of work.
Long sum, gow fie.
(Wolf's heart, dog's lung.)
Winner of The Publisher's Bronze Award for literal translations.

Different people, same voice.
Yee how, tung sing.

Having a great time.
Yow sarn, woon soy-ee.
(Walking through the mountains, playing in the water.)

Partying./Having a good time.
Cherng gore, till mo.

Accept my humble offering.
Tzow may, choy bo(k).
(A very polite phrase to say when you invite people around for yum cha. Lit: What I have isn't very much.)

Bloodsucker. **Cup hoot, gerng see.**
(Traditionally used in relation to your vampire-like boss, or similar slave driver.)

Tough guy. **Larm yun, tzee foo.**
(A tiger among men.)

Slapdash/Careless. **See see, done done.**
(or) **Cow cow, kay kay.**

Trying to be reasonable.
Ho sang, ho say.

Can't be found. **Seck chum, die hoy.**
(A stone sunk deep in the river.)

LOCAL SAYINGS

Buddhist saying

When you turn around, you'll see the shore. **Woo-ee tow, seeng-on.**
(It's never too late to return to The Way.)

At the Lai Char Shop

Hot coffee please. **Yeet car fair mm-goy.**

*(Add **mm-goy** to these ones that follow, if you want to say 'please'.)*

Cold coffee. **Doong car fair.**

Black coffee. **Jie fair.**

Cold lemon drink. **Doong ling char.**

Hot lemon drink. **Yeet ling char.**

Hot lemon drink + Coke.
Yeet ling lock.
(Excellent for pollution-based sore throats.)

Hot tea with milk. **Yeet lai char.**

Cold tea. **Doong lai char.**

French toast. **Sigh door.**

Hot coffee + hot tea combo.
Yeen yerng.
(The authors recommend this. Honest.)

Coke. **Haw lock.**

Ham and egg sandwich.
For toy darn tzee.

Toasted ham and egg sandwich.
Hong die toy darn tzee.

Egg sandwich. **Darn tzee.**

Toasted egg sandwich.
Hong die darn tzee.

Ham sandwich. **Toy tzee.**

Wonton noodles. **One-ton mean.**

AT THE LAI CHAR SHOP

Food

Rice. **Farn.**

Garlic. **Soon tow.** (**Tow** *as in tower.*)

Ginger. **Gerng.**

Spring onions. **Choong.**

Onions. **Yerng choong.**

Spinach. **Bore choy.**

Broccoli. **Sigh larn far.**

Mushrooms *(Western)* **More goo.**

Mushrooms *(Chinese)* **Dong goo.**

Bean sprouts. **Die dow nga.**

Tomatoes. **Fine care.**

Tofu. **Dow foo.**

Eggplant. **Ng-eye-ee gwa.** (**Nigh-ee-gwa** *will probably get you there too.*)

Potatoes. **Sue jie.**

Pumpkin. **Narm gwa.**

Pork. **Jew yook.**

Beef. **Ngow yook.**

Chicken. **Guy-ee yook.**

Fish. **Yoo.**

Crab. **High.** *(Ascending end.)*

Prawns. **Haa.** *(Sing it on one note.)*

Snake. **Sair.**

Duck. **Arp.**

Peking duck. **Bucking arp.**

Supermarket

Eggs. **Darn.**

Sugar. **Tong.**

Coffee. **Gar fair.**

Salt. **Yee-im.**

Pepper. **Woo-tzee-oo fun.**

Toilet paper. **Tzee-gee.**
(**Chee gee** *will do just fine. It could save you having to do a weird charade for what you want to buy!*)

Tampons. **Why sung gun.**

Nappies. **Lee-oo peen.**

Shampoo. **Sigh tow soy-ee.**

Soap. **Farn garn.**

Honey. **Mutt tong.**

Milk. **Ngow lie.**

Tea. **Cha.**

Cheese. **Jee see.**

Peanuts. **Far sung.**

Flour. **Mean fun.**

Bread. **Mean bow.**

Soy sauce. **See yow.**

Chilli oil. **Lart tzee-oo yow.**

Sesame oil. **Ma yow.**

On the golf course

Fore! **Four!**

More polite insults

Shut up. **Sow how.**

Stupid idiot. **Mong lo.**

Piss off. **Say hoy.**

Shit for brains. **Chun choy.**

Smart arse. **Jew jick.**

Brown-noser. **Chart high jy-ee.**
(*Lit: Polisher of boss's shoes.*)
Winner of The Publisher's Special Award for literal translations.

Body Parts

Face. **Meen.**

Hair. **Tow far(t).**

Head. **Tow.**

Ears. **Yee.**

Eyes. **Ngaan.**
(*Like Naan bread but with that annoying **ng** sound at the start.*)

Nose. **Bay.**

Lips. **Howl shun.**

Mouth. **Howl.**

BODY PARTS

Teeth. **Ngaa.**

Chin. **Ha pa.**

Jaw. **Ha pa.**

Neck. **Gang.**

Shoulders. **Bock tow.** (**Tow** *as in tower.*)

Elbow. **Sow jarn.**

Arm. **Sow bay.**

Hand. **Sow.**

Finger. **Sow tzee.**

Fingernail. **Sow tzee gup.**
(The **gup** *is like* **garp.**)

Stomach. **Toe.**

Bum. **Law pet.**

Penis. **Yerng goy-ee.**

Vagina. **Yum dough.**

Testicles. **Chun doy.**

Thigh. **Die bay-ee.**

Knee. **Sutt-tow gore.**

Legs. **Toy-ee.**

Ankles. **Gurk jarng.**

Feet. **Gurk.**

Toes. **Gurk tzee.**

Toenails. **Gurk tzee gup.**

Getting juiced

Orange juice. **Charng jup.**

Apple juice. **Ping gwore jup.**

Watermelon juice. **Sigh gwar jup.**

Coconut juice. **Yeah jup.**

Mango juice. **Mong gwore jup.**

Lemon juice. **Ling moong jup.**

To get a mix of say orange and lemon, follow the enterprising method developed by one of the authors:
1. Walk to your juice store.
2. Attract the attention of the attendant.
3. Wish them a cheery **Nay ho.**
4. Say confidently:
Charng ling jup mm-goy. *(Literally meaning orange and lemon juice - 50:50 please.)*
Three things could then happen:
• *The attendant will say* **May aahh?**
-ie What?
In which case you're going to have to point like some Munter at the juices you want.
• *The attendant could say* **Ho** *and proceed with your order. (Your Instant! lucky day!)*
• *The attendant will look at you and eloquently say:* **You mean you want orange and lemon half and half?**
To which you will say yes and commend them on their English - and then immediately ask them to teach you how you say the phrase in Cantonese.

GETTING JUICED

Apartment Department

Door. **Moon.**

Lift. **Leap.**

Window. **Churng moon.**

Floor. **Day ha.**

Ceiling. **Teen far barn.**

Roof. **Ook dang.**

Security door. **Teet jupp.**

Table. **Toy.**

Chair. **Dung.**

Ceiling fan. **Foong seen.**

Aircon. **Larng hay gay.**

Washing machine. **Sigh-ee gay.**

Dryer. **Gone sarm gay.**

Microwave. **May boar lo.**

Gas bottle. **Moo-ee hay.**

Gas stove. **Moo-ee halo.**

Sofa/Couch. **Sore far.**

Living room. **Hark tang.**

Bedroom. **Soy-ee fong.**

Toilet. **Chee-saw.**

Bathroom. **Choong lerng fong.**

Shower. **Far sar.**

Bath. **Yook gong.**

Basin. **Sigh mean poon.**

Stairs. **Lao tie-ee.**

Lightbulb. **Deen dung darm.**

APARTMENT DEPARTMENT

The Donnie Brasco Section

Forget about it. **Mo sore way.**

Forget about it. **Mm-gun you.**

Forget about it. **Momentie.**

*Note: If you're one of the few people on Earth who haven't seen the film Donnie Brasco, buy **Instant!** Cantonese and proceed to your nearest video store and hire this rare Hollywood gem.*
Then, practice your "Forget About Its" in your expensive Hong Kong apartment.
If you have not caught this mesmerising movie, you won't know why we included the variations of the phrase "Forget About It". Without seeming like pimps for Donnie, you must watch this film.
How Anne Heche did not get an award for best supporting actress beats us.
Ditto how Al and Johnny did not get small statues.

The E section

Laptop. **Sow tie deen no.**

Computer. **Deen no.**

Software. **Yoon geen.**

Monitor. **Mon.**

Stereo. **Hi-fi.**

TV. **Deen see gay.**

Multi-board. **Tore barn.**

Plug-in adaptor. **Marn nung so.**

People

Baby. **Bee-bee.**

Man. **Larm yun.**

Woman. **Loy yun.**

Young man. **Larm jay-ee.**

Young woman. **Loy jay-ee.**

How to buy the SCMP

South China Morning Post please.
Larm wah joe bo mm-goy.

At the mobile phone shop

My phone is broken.
Or deen wah why jaw.

Can you repair it?
Yow mo duck jing?

When can I pick it up?
Gaysee yow duck law?

Do you have a business card?
(So you can remember the address and phone number.)
Yow mo cart peen?

At the hardware shop

Do you have a rat trap?
Nay yow mo low see-you gap?

Do you have a tape measure?
Nay yow mo dock check?

Hammer. **Choy-ee.**

Screwdriver. **Law see pie.**

Philips/Plus head screwdriver. **Supp gee pie.**

Paint brush. **Yow chut so.**

Roller. **Look tong.** *(or)* **Lola.**

Paint. **Yow chut.**

In the Kitchen

Chopsticks. **Fie tzee.**

Spoon. **Tzee gung.**

Knife. **Dough.**

Fork. **Char.**

Chopper. **Choy dough.**

Rubbish. **Lap sap.**

Rubbish bin. **Lap sap tong.**

The Art of Love

Nice arse. **Pay-goo ho lang.**

Nice breasts. **Die boar.**

Blow job. **Dar fay gay.**

Checking you out. **Fong deen.**
(Lit: releasing electricity)

Triads

Triad. **Hark say woo-ee.**
(Lit: Black Society)

The Clean section

Pollution. **Woo yeem.**

Not hygienic. **Mm-way sung.**

Not clean. **Mm-gone jang.**

Clean. **Gone jang.**

Hygienic. **Way sung.**

Meet the Gows

In Cantonese, one word will mean wildly different things when ascending, descending or elongated tones are applied to it.
The word **gow** *is an excellent example. These tonal variables are impossible to impart on the printed page.*
Therefore, you may make the odd tonal blunder. For instance, you may mean to say 'Hey, that's a nice dog'. But because you're tone deaf, it sounds like 'Hey, that's a nice penis'.

Nine. **Gow.** *(slight ascendant)*

Dog. **Gow.** *(slight ascendant, but shorter sound all over)*

Penis. **Gow.** *(massive descendant)*

To save. **Gow.** *(you sing this over two notes: one note then one semi-tone down)*

Long time. **Gow.**
(sing and start on a lower note and reverse the above)

Old. **Gow.** *(same again, but use a longer end note)*

Enough. **Gow.** *(abrupt sound)*

Meet the Farts

Fart. **Fong pay.**

Who farted? **Been go fong pay?**

Did you fart? **Hi-mm-hi nay fong pay?**

Wasn't me! **Mm-high or fong pay!**

Meet the Yerngs

Like this. **Nee yerng.**

Like that. **Gore yerng.**

Like so. **Gum yerng.**

How? **Deem yerng?**

Which one? **Been yerng?**

Meet the Sicks

Let's eat./To eat. **Sick farn.**

To finish eating. **Sick jaw.**

Finished eating. **Sick yoon.**

Not eaten./Have not eaten. **May sick.**

Eat more! **Sick door dee!**

Food. **Yeah sick.**

I'm full. **Sick bow.**

Indigestion. **Sick jy-ee.**

Can't eat any more. **Sick mm-sigh.**

Nothing left. **Sick sigh.**

Leftovers. **Sick jing.**

Eaten too much. **Sick duck thai door.**

Meet the Tangs

Can't hear. **Tang mm-dough.**

Can hear. **Tang dough.**

Listen. **Tang ha.**

Phone for you. **Tang deen wah.**

Not clear. **Tang mm-ching chore.**

Listen to music. **Tang yum lock.**

What are you listening to?
Tang mutt yeah?

Listen. **Tang tang.**

Did Ya Miss Me?

I miss you. **Or gwar jew nay.**

Do you miss me? **Nay gwar-mm-gwar jew or?**

How to pronounce Hong Kong and Kowloon correctly

Like all cities, accents vary within the city limits. Imagine London - in the space of a couple of miles you have Cockney geezers and plum in the gob Sloane Rangers. It's like that with Hong Kong too. You have educated eloquence mixed in with street slang. Can't be helped, that's Chinatown Jake.
*But now, thanks to **Instant!** you will hopefully, at least, be able to say the following - properly.*

Hong Kong. **Herng Gong.**

Kowloon. **Gow Loon.**
(Slightly tricky to say.)

Excellent phrases for everyday use

Aaah, I get it. **Or gee la.**

Is that right?/Don't you agree?/
Dig where I'm coming from?
Hi my seen?

Generic purchasing – one phrase fits all:
Yow mo yeah sick?
(Lit: Got anything to eat?)

Been waiting long?
Dung jaw ho loy?

I'll see you in Court

Guilty. **Ying joy-ee.**

Not guilty. **Mm ying joy-ee.**

TV/Radio/Stereo/Phone

Let's watch TV. **Thai deen see.**

Let's listen to the wireless.
Tang sow yum gay.

Let's listen to the stereo.
Tang hi-fi.

Answer the phone.
Tang deen wah.

Video Games. **Dar gay.**

Feelings

Happy. **Hoy sum.**

Sad. **Mm-hoy sum.**

Excited. **Hing fun.**

Tired. **Goo-wee.**

Very tired. **Ho goo-wee.**

Not tired. **Mm-goo-wee.**

Scared. **Gang.** (*Long tone, then go one tone down. As if you're singing* **gang** *from a C to a B, if you're musically inclined.*)

Not scared. **Mm-gang.**

Broken-hearted. **Serng sum.**

To fancy someone. **Jung yee.**

Angry. **Ho ngock.** (*tricky to say*)

Stupid. **Chee seen.**

Normal. **Jing serng.**

Yes and No

Yes. **High.**

No. **Mm-high.**

Right. **Arm.**

Wrong. **Mm-arm.**

It's Gway-lo NOT Gwy-lo and it's Joe sun NOT Joe sarn

Foreign Devil/Ghost person. **Gway-lo.**

Good morning. **Joe sun.**

Failed in London try Hong Kong

I'm not English/British.
Or mm-high ying gwok yun.

Copping a break

Give me a break!
Fong gwore or laahh!

How to say "Where can I buy…?"

Been dough yow duck my…?

Pests' Corner

Cockroach. **Gart jart** *(or)* **See-you kerng.**

Ants. **Marng ngay.**

Flies. **Woo-ying.**

Rats. **Lo see-you.** *(tricky to say)*

Mice. **Lo see-you.**

Spider. **Tzee jew.**

Snakes. **Sair.**

Termites *(white ants)* **Bart ngay.**

Mosquito. **Mun.**

Mosquito net. **Mun jerng.**

Where can I buy a mosquito net?
Been dough yow duck my mun jerng?
(At the fabulous China Products stores, of course.)

Pets' Corner

Here puss, puss, puss.
Mao, mao, mao.

Dogs. **Gow.**

Cats. **Mao.** *(As in Chairman Mao.)*

Goldfish. **Gum you.**

Birds. **Jot jie.**

Reading matter etc.

Newspaper. **Bo tzee.**

Book. **Sue.**

Magazine. **Jarp tzee.**

Library. **Toe sue gwoon.**

Bookshop. **Sue deem.**

Newspaper stand *(on the street)*
Bo tarn.

Stationery shop. **Mun goy-ee deem.**

The A-Z of useful words

Ashtray. **Yeen fooey gong.**
Apartment. **Jew jah.**
Aeroplane. **Fay gay.**
Auntie. **Ah sum.**
Aftershave. **Tie so soy-ee.**
Binoculars. **Mong yewn gang.**
Bicycle. **Dung chair.**
Bus. **Bar-see.**
Big brother. **Die low.**
(Used as a male to male greeting. Originally a Triad term.)
Big sister. **Ah jair.**
Briefcase. **Goong see bow.**
Bag. **Doy-ee.**
Camera. **Ying serng gay.**
Church. **Sing tong.**
Cologne. **Herng soy.**
Cops. **Ging chart.**
Casino. **Dough cherng.**
Department store. **Bart for goong see.**
Departures. **Lay ging.**

DVDs. **Dee Vee Dees.**
Disneyland. **Dixie Lay.**
Deliveries. **Soong four.**
Eggs. **Darn.**
Entry. **Yup how.**
Exit. **Chut how.**
Fan. *(electric)* **Fung seen.**
Fan. *(classic Chinese)* **Seen.**
Fire. **For jook.**
Friend/s. **Pung yow.**
Flower. **Far.**
Fruit. **Sarng gwore.**
Food. **Sick mutt.**
Grandma. **Ah paw.**
Garage. **Larp supp.**
Gold. **Gum.**
Get on the Net. **Serng mong.**
Hotel. **Tzow deem.**
Hats. **Mo.**
Hackers. **Hark hark.**
House. **Oak.** *(very short)*
Home. **Oak kay.** *(very short)*
Holiday. **Fong gar.**

A TO Z

Happy. **Hoy sum.**
Hurt. **Tung.**
Harmful. **Yow hoy.**
I'm lost. **Dong sutt low.**
Ink. **Muck soy.**
Incompetent. **Mo yoong. /Farn tung.**
Internet. **Mong.**
Information. **Tzee lee-oo.**
Join in. **Gar yup.**
Jog. **Pow bow(l).**
Jump. **Tee-you.**
Kids. **Sigh lo.**
Kilometres. **K/Gong lay.**
Kindergarten. **Yow tzee yoon.**
Lightbulb. **Deen dung darm.**
Laundry. **Sigh-ee sarn po.**
Luggage. **Hung lay.**
Lost something. **Mm-geen jaw.**
License. **Pie gee-oo.**
Mosque. **Ching jun gee.**
Movie theatre. **Hey you-en.**
Mattress. **Chong yock.**
Miles. **Lay.**

Mountain bike. **Gwore sarng darn chair.**

Noodle shop. **One ton po.**

Necklace. **Gang lean.**

Name. **Sing ming.**

Ocean Park. **Hoy yerng gun yoon.**

Ocean Terminal. **Hoy won die-ha.**

Pen/Biro. **Butt.**

Prostitute. **Guy.**

Question. **Mun tie.**

Quarrel. **Eye gow.**

Quick. **Fie dee laaa.**

Quiet. **Jing dee.**

Rain. **Loc(k) you.**

Rice. **Farn.**

Rubbish. **Lap sap.**

Return. **Farn lay.**

Rainbow. **Choy hoong.**

Sexy. **Sing gum.**

Sock. **Mutt.**

Sincere. **Sing hun.**

Stocks & shares. **Gwoo pee-oo.**

Tax. **Soy-ee.** *(Different tone to water.)*

Taxi. **Dick-see.**

Temple. **Mee-oo.**

Tomorrow. **Ting yart.**

Tea. **Char.**

Teaspoon. **Char gun.**

Takeaway. **Ngoy my.**

Thankyou very much. **Mm-goy sigh.**

Umbrella. **Yoot tzair. /Yoot jair.**

Ugly. **Chow yerng.**

Urgent. **Ho gupp.**

Uncle. **Ah sook.**

Unnecessary. **Mm-sigh.**

Usual. **Zee-oo gow.** (*Actually it's* **Tzee-oo gow.**)

Victoria Harbour. **Way door-lay-ah gong.**

Vices. **Why jupp gwarn.**

Vice versa. **Lerng yerng dough dug.**

Winner. **Yang gar.**

Welcome. **Foon ying.**

Weather. **Teen hay.**

Wow! **Waaah!**

Why? **Deem guy?**

X-Ray. **Ex-gwong.**

Yesterday. **Come yart.**

Yours. **Nay gair.**

Young child. **Lang jie.** *(Also the local name for a sweet smelling, intoxicating, hand-rolled cigarette.)*

Zipper. **Lie leen.**

Zoo. **Dong mutt you-en.**

What on earth are you doing in Hong Kong?

I'm in Hong Kong on holiday.
Or lie-ee Herng Gong dough-ga.

We're in Hong Kong on holiday.
Or day lie-ee Herng Gong dough-ga.

I'm here in Hong Kong on business.
Or lie-ee Herng Gong joe sarng-ee.

We're here in Hong Kong on business.
Or day lie-ee Herng Gong joe sarng-ee.

I've been in Hong Kong for …3…years.
Or lie jaw Herng Gong …sarm…neen.

We've been in Hong Kong for 3 years.
Or day lie jaw Herng Gong sarm neen.

Meet the Mutts

What is it?/What is that thing?
Mutt yeah?

What'd you say? **Mutt wha?**
(**Ma-wha?** *is actually better in this instance.*)

What did he/she look like?
Mutt yerng?

What's that smell? **Mutt may?**

What do you call this?/What's this?
Mutt gum gair? (*When complaining about bad service.*)

What's happening? **Mutt see?**

What's up?

What's up? **Deem-ah?**
(One of THE classic HK greetings. Lift your head up as you say it.)

Flora and fauna

Flower. **Far.**

Grass. **Cho.**

Trees. **Sue.**

Wood. **Moo(k).**

How to say Mid-levels

Mid-levels. **Boon sarn.**

Meet the Waans

What are you playing at?/
What's the story?
Waan yeah?

You're playing a trick. **Nay waan yeah.**

You're playing a trick on me.
Nay waan or.

You're finished./You're through.
Nay waan yoon.

You own it all. **Nay waan sigh.**

Cities and places

China. **Tsung gwo(k).**

Beijing. **Buck-ging.**

Shanghai. **Serng hoy.**

Guangzhou. **Gwong tzow.**

Canton. **Gwong doong.**

Juhai. **Jew hoy.**

Guilin. **Gway lum.**

Xian. **Sigh on.**

Macau. **Oh moon.**

Mongolia. **Mon gwoo.**

Tibet. **Sigh jong.**

Taiwan. **Toy waan.**

Singapore. **Sing ga bore.**

Manila. **Ma nay lie.**

Months

January **Yart yurt**

February **Yee yurt**

March **Sarm yurt**

April **Say yurt**

May **Mm yurt**

June **Look yurt**

July **Chut yurt**

August **Bart yurt**

September **Gow yurt**

October **Supp yurt**

November **Supp yart yurt**

December **Supp yee yurt**

Days

Monday **Sing kay yart**

Tuesday **Sing kay yee**

Wednesday **Sing kay sarm**

Thursday **Sing kay say**

Friday **Sing kay mm**

Saturday **Sing kay look**

Sunday **Sing kay yart**

(Note: tones denote the difference between Sunday and Monday.
*The Sunday **yart** goes down & the Monday **yart** goes up.)*

Seasons

Spring **Chun teen**

Summer **Hah teen**

Autumn **Chow teen**

Winter **Doong teen**

Money

One dollar **Yart mun**

Two dollars **Lerng mun**

Three dollars **Sarm mun** …etc

100 dollars **Yart bar(k) mun**

200 dollars **Yee bar(k) mun**

300 dollars **Sarm bar(k) mun**

1,000 dollars **Yart cheen mun**

2,000 dollars **Lerng cheen mun**

3,000 dollars **Sarm cheen mun …etc**

The Laundry

Wash and dry please.
Sigh-ee tong gow gone mm-goy.

Dry clean please.
Gone sigh-ee mm-goy.

When will it be ready?
Gay see yow duck law?

Is today OK?
Gum yart law duck-mm-duck?

How much? **Gay door cheen?**

Colours

Blue **Larm sick**

Red **Hong sick**

Yellow **Wong sick**

Black **Hark sick**

White **Bark sick**

Green **Look sick**

Pink **Fun hong sick**

Brown **Fair sick**

Grey **Foo-ee sick**

Gold **Gum sick**

Copper **Toong sick**

At the Movies

Please stop kicking my seat.
Mm-ho yook duck-mm-duck.

Shut up./Turn your phone off.
Jing dee-aahh!

How To Win
The Mark Six

Buy a ticket.

Mark Six. **Look hub choy.**

All the best

All the best./Best of luck.
Jook nay ho won.

Useful HK phone numbers

Fire, Police, Ambulance: 999

Non-emergency police enquiries: 2527-7177

HK Airport - Chek Lap Kok (English 24 hrs): 2181-0000

Immigration Dept: 2824-6111

HK Tourist Visitor Info: 2508-1234

Directory enquiries: 1081

Weather: 187-8066

Cyclone warnings: 2835-1473

The authors accept no responsibility for any errors in the phone numbers.

Transport

Where is the Peak tram please?
Larm chair hi been dough mm-goy?

Bus. **Bar-see.**

Tram. **Dee chair.**

Car. **Hay chair.**

MTR. **Day teat.**

Taxi. **Dick-see.**

Plane. **Fie gay.**

What *do* they say on the MTR in Cantonese?

The next station is ... Causeway Bay.
Har yart jarm hi ... Tung Lo Waan.

Please stand back from the doors.
Ching see-oo some chair moon.

Please stand back from the doors.
Ching mutt cow goong chair moon.

About the authors

Bill Loh was born in Hong Kong and grew up in Australia and Hong Kong.
He lives in Shek O and dreams of good fish and chips with a side dish of fried rice.

Nick Theobald was born in New Zealand, the home of good fish and chips.
In the hope of a higher collective consciousness, he suggests listening to Bill Hicks. For the truth about life as we know it, he recommends reading Gore Vidal, Jim Hightower, Greg Palast, Molly Ivins and 'The Triumph of The Airheads' by Shelley Gare. If anyone reading this is planning a fish and chip trip to New Zealand, Nick suggests you avoid crinkle-cut chips – they're generally pre-cut and frozen.

NOTES

NOTES

Emergencies

Call the Police now!
叫警察！

Can I use the telephone?
可唔可以借電話用？

Fire!
火燭呀！

Call me an ambulance!
幫我叫救護車！

EMERGENCIES

I need a Doctor!
我需要醫生！

I've been robbed!
我被人打劫！

Take me to hospital!
帶我去醫院！

Where is the toilet?
洗手間係邊度？

NOTES